SCHÜLER-WITZE

Für Lehrer und Eltern nicht geeignet!

NEUER FAVORIT VERLAG

„Wie konntest du mich vor der ganzen Klasse als Blödmann bezeichnen?", tadelt Kai seinen Freund Holger. „Tut mir leid", versucht Holger sich zu entschuldigen, „aber ich hatte natürlich keine Ahnung, dass du das geheim halten wolltest."

I ♥ music

Ole kommt zufrieden aus der Schule: „Wir haben heute Sprengstoff hergestellt!"
„Und was macht ihr morgen in der Schule?"

„Welche Schule?"

SKRAKKK

Dennis rast mit seinem Fahrrad über den Schulhof.
„Halt", ruft ihm ein Lehrer entgegen, „kein Licht, keine Klingel!"
„Aus dem Weg", ruft Dennis, „keine Bremse!"

3

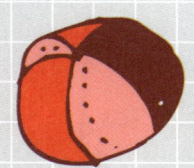

Der Lehrer weiht seine Klasse in die
Geheimnisse des Rechnens ein:
„Also, es gibt Millimeter, Zentimeter,
Dezimeter, Quadratmeter, Kubikmeter
und ..." „... Elfmeter!",
brüllt Fred dazwischen.

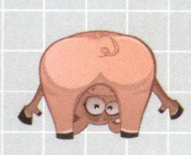

Nick hat gestern mit seinem Schulfreund gesprochen, sein Freund meinte: „Die Welt geht 2012 unter!" Am nächsten Morgen sagt Nick zu seinem Freund: „Also, die Welt kann 2012 nicht untergehen, denn auf meinem Schokoriegel steht, dass er erst 2013 abläuft."

Lehrer:
„Wie alt bist du, Paul?"
Paul: „Sechs."
Lehrer: „Und was möchtest du später werden?"
Paul: „Sieben!"

Marc ist ein ausgezeichneter Golfer,
aber ein schlechter Schüler.
Fragt ihn die Biologielehrerin:
„Was ist eine Kloake?"
Marc wie aus der Pistole geschossen:
„Eine Kloake ist schmutziges
Wasser!"
Lehrerin: „Aber doch nicht in der
Tierwelt, Marc! Dort ist eine Kloake
ein gemeinsamer Ausgang für Darm,
Harnblase und Geschlechtsorgane."
„Aha", sagt Marc, „ein Hole-in-one."

Die Lehrerin
sagt zur Klasse:
„Alles, was mit
,un-' anfängt,
ist unangenehm.
Zum Beispiel:
Unglück oder
Ungeheuer."
Da meldet sich
Anna und sagt:
„Unterricht!"

Im Matheunterricht wird über Statistiken gesprochen. „Zum Beispiel verbrauchen die Amerikaner 50, die Deutschen 52 Rollen Toilettenpapier pro Kopf", erklärt der Lehrer.

„Das versteh ich nicht", wundert sich ein Schüler, „wieso denn pro Kopf?"

Herr Roth: „Robert! Wie kommt es, dass dein Aufsatz über eure Katze identisch mit dem deines Bruders ist?"

Robert: „Ganz einfach, Herr Roth, wir haben nur eine Katze zu Hause."

GUITAR

Der Klassenlehrer beschimpft Fritzchen wütend: „Das ist heute das fünfte Mal in dieser Woche, dass du zu spät kommst. Was hast du dazu zu sagen?"

„Es wird diese Woche bestimmt nicht mehr vorkommen."

DISCO

LEHRER: „WELCHE SCHLANGEN KÖNNT IHR MIR NENNEN?" SCHÜLER: „WENN DIE SCHLANGEN GUT SEHEN, SIND ES SEESCHLANGEN. WENN SIE SCHLECHT SEHEN, SIND ES BRILLEN- SCHLANGEN UND WENN SIE NICHTS SEHEN, SIND ES BLINDSCHLEICHEN."

„Was ist Dampf?", fragt Frau Friedrich. „Das ist Wasser, das sich vor der Hitze aus dem Staub macht!", meldet sich Natalie.

„Hat diese Medizin schlimme Nebenwirkungen?", fragt Oliver den Arzt. „Allerdings", sagt der Arzt, „morgen kannst du wieder in die Schule gehen!"

Der Lehrer erklärt im Chemieunterricht: „Im Jahre 1771 hat der schwedische Chemiker Scheele den Sauerstoff entdeckt." Mirko fragt ganz überrascht: „Was haben die Menschen denn vorher geatmet?"

Oma Ida fragt ihre Enkel, wie gut sie in der Schule sind. „Ich bin die Erste in Sport", betont Jennifer. „Ich bin der Erste in Mathe", meint Robin stolz. „Und ich bin immer der Erste auf dem Schulhof, wenn es zur Pause klingelt", tönt Marco.

Lehrer zum Schüler:
„Einer von uns muss
ein Riesentrottel
sein."
Am nächsten Tag
überreicht ihm
der Schüler einen
Zettel.
„Was ist denn das?"
„Ein Attest vom
Schularzt, dass
ICH völlig normal
bin!"

BACK TO SCHOOL

BRIEF DES LEHRERS AN
DIE ELTERN:
„IHR SOHN REDET IM
UNTERRICHT ZU VIEL.
BITTE MIT UNTERSCHRIFT
ZURÜCK."
ANTWORT DES VATERS:
„SIE SOLLTEN ERST MAL
SEINE MUTTER HÖREN.
GEZEICHNET:
WERNER."

Die Klasse macht einen Ausflug ins Museum. Sie bestaunen ein Skelett – da sagt Roland: „Guck mal, das hat eine Nummer. Was bedeutet RK 34896?"

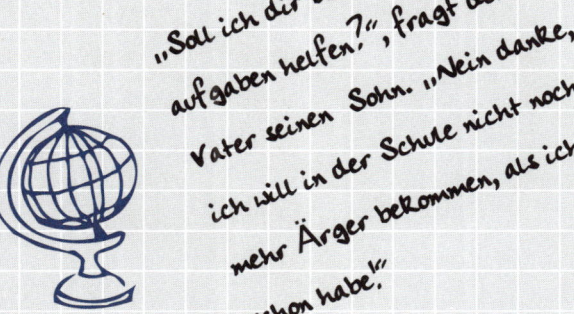

„Mensch", sagt Sarah, „das ist die Nummer des Autos, das den Mann überfahren hat!"

„Soll ich dir bei deinen Hausaufgaben helfen?", fragt der Vater seinen Sohn. „Nein danke, ich will in der Schule nicht noch mehr Ärger bekommen, als ich schon habe!"

Der kleine Patrick kommt
mit seinem Zeugnis nach
Hause. Der Vater erhebt
sich voller Erwartung vom
Stuhl. Da sagt Patrick:
„Oh Papa, du kannst
ruhig sitzen bleiben, ich
bin ja auch sitzen geblieben."

Im Religionsunterricht.
„Wer war der erste Mann?"
„Adam."
„Gut. Und die erste Frau?"
„Seine Mutter."

Der Lehrer lässt einen
Aufsatz schreiben zu dem
Thema: Ich bin ein General-
direktor! Die Klasse stürzt sich
auf Papier und Bleistift und lässt
den Fantasien freien Lauf. Nur
Patrick sitzt da und tut nichts.
„Aber Patrick, warum schreibst
du denn nichts?"
„Ich warte auf meine Sekretärin."

Oliver war zwei Tage nicht in der Schule. Am dritten Tag bringt er die Entschuldigung für seine Lehrerin: „Hiermit entschuldige ich das Fehlen meines Sohnes in der Schule. Er war sehr krank. Hochachtungsvoll, meine Mutter."

WHAM!

„Bist du dir eigentlich im Klaren darüber, was aus einem wird, der oft lügt?", wird Simon von seinem Lehrer gefragt. „Ja, Herr Petersen, ein begnadeter Politiker!"

„Papi, was ist denn ein Ferkel?" „Oh, es ist das Kind von einem Schwein. Warum fragst du?" „Der Lehrer hat mich heute Ferkel genannt."

Rainbow

Tim betet: „Lieber Gott, du kannst doch
alles, darum mache Moskau zur Haupt-
stadt von Italien, denn das habe ich heute
in meiner Erdkundearbeit geschrieben."

sun

Lehrerin: „Welches Land
wurde über Jahrhunderte
von Kalifen regiert?"
Schüler: „Das ist doch
ganz einfach! Das war
Kalifornien."

CLOWN

Ein Vater beschwert
sich beim Lehrer:
„Warum haben Sie
meinen Sohn heute
nach Hause geschickt?"
Der Lehrer: „Er
sagte, dass seine
Schwester Masern
hätte." Vater:
„Ja, schon, aber
die wohnt in
Amerika!"

Sagt der Lehrer:
„Wenn die Herrschaften
in der dritten Reihe etwas
leiser sein würden, so wie die
Comicleser in der mittleren
Reihe, dann könnten die
Schüler in der ersten Reihe
ungestört weiterschlafen!"

Es herrscht ein riesiger Lärm in der Klasse. Der Direktor reißt die Tür auf, nimmt den größten Schreihals und geht wieder. Etwas später gehen die Schüler zu ihm: „Bitte, Herr Direktor, könnten wir unseren Lehrer wiederhaben?"

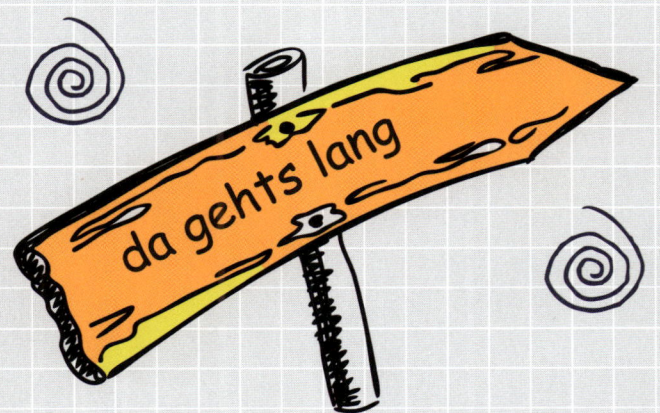

da gehts lang

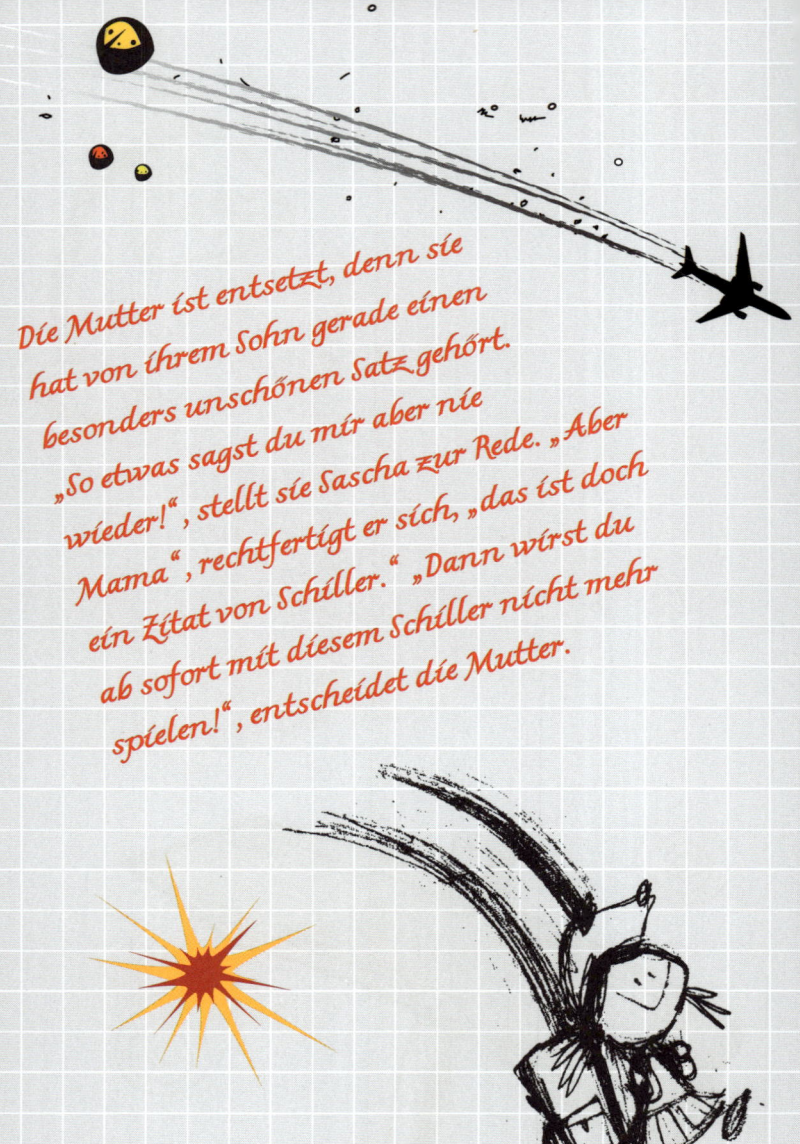

Die Mutter ist entsetzt, denn sie hat von ihrem Sohn gerade einen besonders unschönen Satz gehört. „So etwas sagst du mir aber nie wieder!", stellt sie Sascha zur Rede. „Aber Mama", rechtfertigt er sich, „das ist doch ein Zitat von Schiller." „Dann wirst du ab sofort mit diesem Schiller nicht mehr spielen!", entscheidet die Mutter.

Der Anführer einer Diebesbande zu seinem Sohn: „Wenn du in der Schule in Betragen eine Sechs bekommst, darfst du dir endlich das Fahrrad klauen, das du schon immer haben wolltest!"

BAM

Mama Känguru hüpft durch die Steppe. Aus ihrem Beutel guckt ein Pinguin, verdreht die Augen und stöhnt: „Blöder Schüleraustausch!"

YEAH

Martin: „Papa, morgen findet in der Schule nur eine kleine Elternversammlung statt."

Vater: „Was heißt denn eine kleine Elternversammlung?"

„Nur du und der Direktor!"

„Jetzt ist es schon zehn Uhr!", schreit die Lehrerin die Schülerin an, als diese die Klasse betritt. „Du hättest doch schon um acht Uhr hier sein sollen!" „Warum? Hab ich etwas wichtiges verpasst?"

Sagt der Lehrer: „Man sollte wenigstens einmal am Tag versuchen, einen Menschen glücklich zu machen. Hat einer von euch zum Beispiel gestern jemanden glücklich gemacht?"

„Ja", meldet sich Peter, „ich war gestern bei meiner Oma und sie war sehr glücklich, als ich wieder ging!"

Die Lehrerin fragt die Schüler: „Was ist ein Steinbutt?" Marcel antwortet: „Ein ganz flacher Fisch." Lehrerin: „Und warum ist der denn so flach?" Marcel: „Weil er Sex mit einem Wal hatte." Empört geht die Lehrerin mit Marcel zum Direktor und erzählt ihm die ganze Geschichte. Da fragt der Direktor: „Wieso redest du denn solchen Mist?" Marcel: „Ich kann auch nichts dafür, wenn die Lehrerin so dumme Fragen stellt, sie hätte besser gefragt, warum der Frosch so große Augen hat." Direktor: „Warum hat der denn so große Augen?" Marcel: „Na, der hat das Ganze doch gesehen!"

IN SEINEM AUFSATZ ÜBER MEERESTIERE SCHREIBT TORBEN: „ES GIBT AUCH HUNDE, DIE IM MEER LEBEN, ZUM BEISPIEL DER SEEHUND UND DER ROLLMOPS!"

Frau Grimmer: „Jens, warum können Fische nicht sprechen?"
Jens: „Klarer Fall, Frau Grimmer! Reden Sie doch mal, wenn Sie den Mund voller Wasser haben."

flower

Im Biologieunterricht. „Wenn ich mich auf den Kopf stelle", erklärt der Lehrer, „strömt mir immer mehr Blut hinein. Aber wenn ich mich auf die Füße stelle, passiert das nicht. Was meint ihr denn, warum das so ist?" Tobias: „Weil Ihre Füße nicht hohl sind."

„Wer kann mir eine Flüssigkeit nennen, die bei Kälte nicht gefriert?", fragt die Lehrerin im Unterricht. „Warmes Wasser!", ruft Klara.

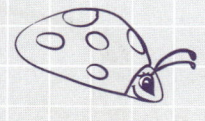

In der Schule fragt der Lehrer: „Wer kann mir die drei Eisheiligen nennen?" Meldet sich Peter: „Langnese, Schöller und Dr. Oetker!"

Der Lehrer schreibt das Wort „Magie" an die Tafel. „Kann mir einer von euch sagen, was dieses Wort bedeutet?", fragt er die Klasse. Darauf herrscht allgemeine Stille. Endlich meldet sich einer und meint: „Das gibt man in die Suppe!"

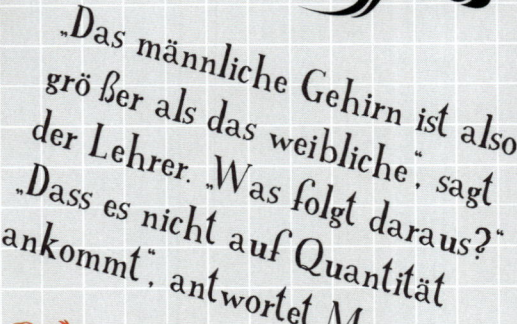

„Das männliche Gehirn ist also größer als das weibliche", sagt der Lehrer. „Was folgt daraus?" „Dass es nicht auf Quantität ankommt", antwortet Maria.

Herr Galler: „Kaum war
die Schlacht in Teuto-
burger Wald vorbei,
zündete sich Hermann,
der Cherusker, eine
Zigarette an. Was meint
ihr denn dazu?"
Matthias: „Die Geschichte
kann nicht stimmen."
Herr Galler: „Sehr gut!
Und warum nicht?"
Matthias: „Weil Rauchen
im Wald verboten ist!"

Der Lehrer fragt im Matheunterricht: „Angenommen, du hast
zehn 2-Euro-Stücke und fünf
10-Cent-Stücke. Die steckst
du in die Hosentasche und verlierst
drei 10-Cent-Stücke. Was hast
du dann in der Tasche?"
Der Schüler: „Ein Loch!"

Während des Chemieunter-
richts schreibt Herr Bender
eine Formel an die Tafel
und sagt: „Wie ihr seht,
fehlt ein Elektron. Wo
ist es?"

Es herrscht Schweigen in
der Klasse.
„Wo ist das Elektron?",
fragt Herr Bender erneut.
Da ruft Ingo:

„Niemand verlässt
den Raum!"

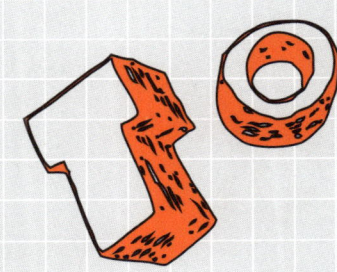

In der Schule wird darüber gesprochen, was man unter Verwandtschaft versteht. „Wir sind mit unseren Nachbarn verwandt", behauptet Otto. „Und wie denn?", will der Lehrer wissen. „Unser Hund ist der Bruder vom Nachbarhund!", berichtet Otto.

In Aufsatz über den Hund schreibt Stefan: „Der Hund ist ein sehr nützliches Haustier. Aber er wäre noch nützlicher, wenn er auch noch Milch geben und Eier legen würde."

Cute dogs

Lehrer: „Alex, wo ist denn dein Hund? Du bist doch jeden Tag mit ihm zur Schule gekommen."

Alex: „Ich musste mich von ihm trennen."

Lehrer: „Warum?"

Alex: „Er hat das Abitur bestanden – ich nicht!"

Während des Unterrichts meldete sich Michi, weil er dringend aufs Klo musste. Die Lehrerin sagte: „Die Stunde ist gleich um, so lange kannst du noch warten." Wenige Minuten später hob der Schüler die Hand, der genau hinter Michi saß. Die Lehrerin sagte ärgerlich: „Ich weiß schon, so was steckt an, nun musst du sicher auch dringend raus." „Nein", sagte der Kleine, „ich möchte nur bestätigen, dass Michi wirklich dringend musste!"

Weg mit der Kreide – unsere Tafel soll sauber bleiben!

Teresa kommt nach dem ersten Schultag nach Hause. „Nun", will die Mutter wissen, „ist alles gut gegangen?" „Ich glaube nicht", meint die Tochter. „Ich muss morgen noch mal hin."

Sonja flüstert ihrer Nachbarin leise
die richtige Antwort zu.
Lehrer: „Du kannst dich aber auch
ruhig melden!"
Sonja: „Man muss ja nicht gleich
übertreiben!"

Die Lehrerin fragt Jonas: „Und, was
hat dein Vater zu deinem Zeugnis gesagt?"
„Soll ich die schlimmen Wörter weglassen?"
„Ja, bitte!"
„Also, dann hat er nichts gesagt."

Die Lehrerin fragt die Klasse: „Was ist die erotischste Zahl, die ihr kennt?" Es meldet sich Martha: „218593." Die Lehrerin ist ganz erstaunt und fragt nach: „Wieso das denn?" Martha erklärt: „Frau Geier, das ist doch ganz einfach. Wenn 2 sich 1 sind und nicht 8 geben, dann merken sie spätestens nach 5 Wochen, dass sie in 9 Monaten 3 sind."

PARTY TIME

HERR GRÄBER IST NACH EINEM UNFALL IM KRANKENHAUS. ER BEKOMMT EINE KARTE VON SEINEN SCHÜLERN, IN DER STEHT: „LIEBER HERR GRÄBER, SIE SIND ZWAR NETT, ABER DUMM. DUMM, WENN SIE GLAUBEN, DASS ES EIN UNFALL WAR. GRÜSSE IHRE 13B."

In Erdkunde fragt die Lehrerin: „Was ist näher: Der Mond oder Russland?" Christoph in der ersten Reihe meint: „Ich glaub, der Mond ist näher. Denn den sehe ich manchmal, Russland nie."

„Hier ist die Addition, Herr Müller, die ich machen sollte. Ich habe sie zehnmal nachgerechnet."
„Das ist aber fleißig."
„Ja, und hier sind die zehn Ergebnisse!"

1 + 1 = 2

Sagt der Lehrer zu Jim: „Nenne mir bitte andere Wörter für ‚misslungen'." Jim sagt: „Mein Vater würde ‚Frau' sagen und meine Mutter würde ‚Jim' sagen."

Die Schüler sollen einen Aufsatz über die Ehe schreiben. „Bei uns darf jeder Mann nur eine Frau und jede Frau nur einen Mann heiraten. Das nennt man dann Monotonie", schreibt Jessica.

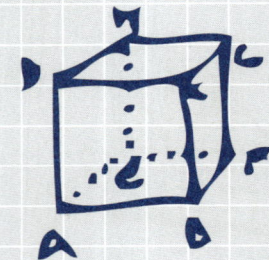

44

Ein Lehrer, ein Physiker und ein Mathematiker übernachten in einer Blockhütte. Plötzlich brennt es. Der Lehrer wacht auf, sieht das Feuer, läuft raus und überlebt. Der Physiker wacht auf, ist von diesem Phänomen begeistert und stirbt in den Flammen auf der Suche nach dem Thermometer. Der Mathematiker wacht auf, sieht den Feuerlöscher und schläft weiter, denn es existiert eine Lösung.

$$a^2 = b^2 + c^2$$

Der Sohn eines Kino-
besitzers kommt vom
ersten Schultag nach
Hause und wird vom
Vater gefragt, wie es
war. „Super, ausverkauft
bis auf den letzten Platz!",
meint der kleine Finn.

Montags fühle ich
mich wie Robinson:
Ich warte auf Freitag!

Der Geschichtslehrer
fragt: „Was können wir
aus dem Schicksal der
Maria Stuart lernen?"
„Dass wir nicht den Kopf
verlieren sollen!"

LEHRER: „WIE NENNT MAN EINEN MENSCHEN, DER STIEHLT?"

ANNE: „DAS WEISS ICH NICHT."

LEHRER: „DENK DOCH MAL NACH! WENN ICH MEINE HAND IN DEINE TASCHE STECKE UND DANN EINEN EURO HERAUSZIEHE, WAS BIN ICH DANN?"

ANNE: „EIN GANZ GROSSER ZAUBERER!"

„Timo, wenn du sagst: ‚Das Lernen macht mir Freude!‘, was für ein Fall ist das?"
„Ein seltener Fall, Herr Wagner!"

Am Montagmorgen vor der Schule.
„Ob unser Lehrer noch krank ist?", fragt Andi seinen Schulfreund.
André seufzt: „Hoffen wir das Beste!"

In der Sportstunde liegen alle Schüler auf dem Rücken und strampeln mit den Beinen, als würden sie Fahrrad fahren. „Florian, warum hängen deine Beine so schlaff in der Luft?", will Frau Helm wissen.

„Die sind nicht schlaff", entgegnet Florian, „ich fahre nur gerade im Leerlauf den Berg runter!"

Mit einem unglaublich schlechten Zeugnis kommt Simon von der Schule nach Hause. Die Eltern schimpfen sehr mit ihm, doch eine Atempause nutzt der Junge zur entscheidenden Frage: „Woran kann es bei mir nur liegen? Mal ganz ehrlich – sind es Umwelteinflüsse oder Erbfaktoren?"

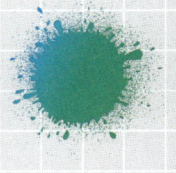

Der Biologielehrer trifft Frau Fischer in der Stadt. „Guten Tag, Frau Fischer", grüßt er sie freundlich, „Ihr Sohn Felix hat ja einen ausgesprochenen Wissensdurst. Hat er den von Ihnen oder von Ihrem Mann?" „Nun, teils, teils. Das Wissen hat er von mir und den Durst von meinem Mann."

Die Lehrerin weiht ihre Schülerinnen in Erste Hilfe ein. Nach ihrem Vortrag fragt sie Tamara: „Was würdest du tun, wenn ein Mensch auf der Straße einen Hitzschlag erlitten hätte?" Eifrig antwortet die Schülerin: „Ich lege ihn in den Schatten und mache ihn kalt."

Nach dem Klingeln stürmt Franz in die Klasse. Der Lehrer sieht ihn fragend an. Franz stottert seine Entschuldigung:

„Mein Goldfisch hatte sich eine Flosse gebrochen, weil er über eine Wasserpflanze gestolpert ist. Ja, und dann musste ich ihn zum Arzt bringen."

FRAGT DER LEHRER: „KINDER, WISST IHR, WAS SCHNELLIGKEIT IST?" DA MELDET SICH LUKAS UND SAGT: „MEIN VATER IST SCHAFFNER. DER FÄHRT INNERHALB VON DREI STUNDEN VON HAMBURG BIS NACH BERLIN. DAS IST SCHNELLIGKEIT!" ABER DANN MELDET SICH KARSTEN: „MEIN VATER IST ASTRONAUT. DER FLIEGT INNERHALB VON ZWEI STUNDEN ZWEIMAL UM DIE ERDE. DAS IST SCHNELLIGKEIT!" DANN MELDET SICH MARC: „MEIN VATER IST BEAMTER. DER GEHT UM ACHT UHR ZUR ARBEIT, HAT UM VIER FEIERABEND UND IST UM DREI UHR DAHEIM. DAS IST SCHNELLIGKEIT!"

CRASH

Der Lehrer fragt: „Kennt hier jemand eine Bauernregel?" Peter meldet sich: „Sind die Hühner platt wie Teller, war der Traktor wieder schneller!"

Lehrer: „Was ist ein Mann, wenn er noch keine Frau hat?" Tobias: „Ledig." „Gut, und was ist ein Mann, der eine Frau hat?" „Erledigt."

Der Lehrer behandelt das Thema Dinosaurier im Unterricht. Er nennt zahlreiche Arten und fragt dann Bernd: „Na, kennst du auch ein Tier, das längst nicht mehr lebt?" „Klar", sagt Bernd, „unser Kanarienvogel. Den hat vor einer Woche die Katze gefressen."

Lehrer: „Ein Kreis muss immer rund sein, auch an den Ecken."

„Ich will Ihnen keine Angst machen, aber Papa hat gesagt, wenn ich dieses Mal kein besseres Zeugnis mit nach Hause bringe, dann kann sich jemand auf etwas gefasst machen!", sagt Bettina zum Lehrer.

DER VATER TOBT, DIE MUTTER
WEINT UND DIE TOCHTER SCHWEIGT:
„DAS DARF DOCH WOHL NICHT WAHR
SEIN", SCHREIT DER VATER.
„JETZT HAST DU DIE PRÜFUNG
SCHON WIEDER NICHT BESTANDEN!"
„WAS KANN ICH DENN DAFÜR",
ZUCKT DIE TOCHTER MIT DEN
SCHULTERN, „WENN ICH GENAU
DIESELBEN FRAGEN GESTELLT
BEKOMME WIE LETZTES JAHR?"

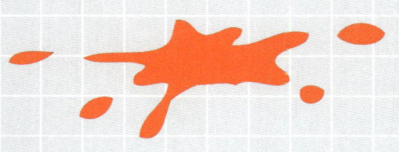

Frau Hering erklärt ihren Schülern: „Wenn man alleine spielt, ist das ein Solo. Wenn man zu zweit spielt, nennt man das Duo. Und wie heißt es, wenn man zu dritt spielt?" Da meldet sich Jörn: „Skat, Frau Hering!"

Der Lehrer fragt im Deutschunterricht, ob jemand den Begriff Heuchelei erklären kann. Nach einer Weile meldet sich Marvin: „Heuchelei wäre, wenn ich sagen würde, dass ich jeden Tag fröhlich in die Schule gehe!"

2·2=4

„Wusstet ihr, dass wir nur ein Drittel unseres Gehirns benutzen?", fragt der Lehrer. „Und welche Funktion hat das andere Drittel?", fragt Steffen.

„Hattest du damals Sexualkunde in der Schule?", will Konrad von seiner Mutter wissen. „Nein, das gab es damals noch nicht", antwortet seine Mutter. „Ach so, dann hat es wohl auch keinen Sinn, dass ich dich was frage", winkt Konrad ab.

Der Lehrer zu Mario: „Du kannst doch nicht jeden Tag eine ganze Stunde zu spät kommen!" Mario rechtfertigt sich: „Sie wissen wohl selbst nicht, was Sie wollen. Erst letzte Woche haben Sie zu mir gesagt, ich solle meine Zeitung gefälligst zu Hause lesen ..."

Lehrer: „Meine Frage bereitet dir wohl Schwierigkeiten?"
Schüler: „Überhaupt nicht. – Nur die Antwort."

Zwei Schüler unterhalten sich: „Welches Thema habt ihr gerade in der Schule?"

„Das Kapital von Karl May."

„Aber das ist doch nicht von Karl May, sondern von Karl Marx!"

„Ach so, deshalb! Wir sind schon auf Seite 200 und ich habe noch nichts über Indianer gelesen."

„Welches ist das älteste Musik-instrument?", fragt der Lehrer.
„Das Akkordeon!", antwortet Irma.
„Wie kommst du denn darauf?"
„Das hat die meisten Falten!"

„Wie viele Gebote gibt es?" fragt der Lehrer. „Zehn, Herr Lehrer", antwortet Elena. „Und wenn du eins davon brichst?" „Dann gibt es nur noch neun."

„Was ist ein Vakuum, Tina?", fragt der Physiklehrer. „Ich hab's im Kopf, aber ich komm nicht drauf."

In der Chemiestunde: „Was geschieht mit Gold, wenn man es an der frischen Luft liegen lässt?" „Es wird gestohlen ..."

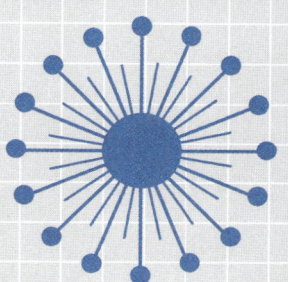

Der Mathelehrer sagt:
„Die Klasse ist so
schlecht in Mathe,
dass sicher 90%
dieses Jahr durch-
fallen werden." Da
sagt Peter aus der
letzten Reihe:
„Aber so viele
sind wir doch gar
nicht!"

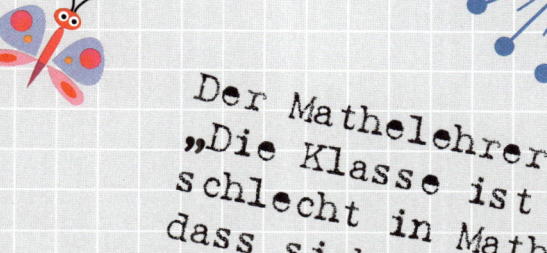
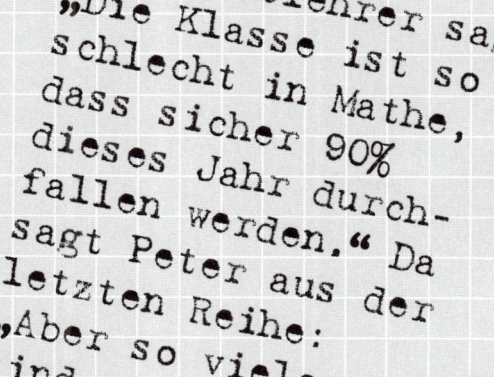
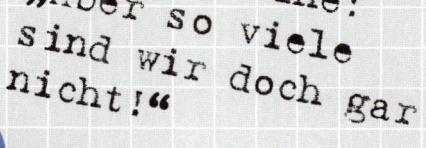

Benedikt soll ein Bild mit einer Kuh und einer Wiese malen. Dann kommt die Lehrerin, um das Bild zu benoten. Sie stellt aber fest, dass Benedikt kein Bild gemalt hat und fragt ihn: „Wo ist die Wiese?" Er antwortet: „Die Kuh hat die Wiese aufgefressen." Die Lehrerin fragt: „Wo ist die Kuh?" Da antwortet Benedikt: „Denken Sie, eine Kuh bleibt an einer Stelle stehen, wo keine Wiese ist?"

LEHRER: „WIE VIEL IST VIER MAL VIER?" SCHÜLER: „DAS MACHT ZWÖLF." LEHRER: „WIE WÄRE ES MIT SECHZEHN?" SCHÜLER: „JA, SIND WIR HIER DENN IN DER SCHULE ODER AUF EINER VERSTEIGERUNG?"

Lehrer: „Wie nennt man Lebewesen, die sowohl auf dem Land als auch auf dem Wasser leben können?" Schülerin: „Matrosen, Herr Lehrer."

„So, jetzt mal ohne Taschenrechner!",
sagt der Lehrer.
„Wie viel ist acht mal neun?"
„Und wann brauchen Sie das
Ergebnis?"

Alle schlafen, einer spricht, ja das nennt man Unterricht.

HAPPY

Sohn zur Mutter: „Mama, ich habe eine gute und eine schlechte Nachricht!" Darauf die Mutter: „Ja, was denn? Zuerst die gute!" „Die Schule ist heute abgebrannt!" „Was ist denn dann erst die schlechte?" „Die Zeugnisse konnten noch gerettet werden."

Familie Trautmann hat Zwillinge bekommen. Als die Mutter nach Hause kommt, wird sie von klein Ralf begrüßt.

„Ich habe der Lehrerin von einem neuen Brüderchen erzählt und habe drei Stunden frei bekommen.", jubelt er.

„Warum hast du denn nicht gesagt, dass es zwei sind?", will die Mutter wissen.

„Ich bin doch nicht blöd," ruft er, „den anderen heb' ich mir für nächste Woche auf."

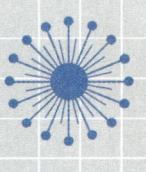

Das ist Elektrizität:
Morgens mit Hochspannung
aufstehen, mit Widerstand
in die Schule gehen,
in Klassenzimmer stunden-
lang schmoren. Wieder
zu Hause gegen den Strom,
in eine geladene Atmo-
sphäre geraten und von
den Eltern noch eine
gewischt bekommen.

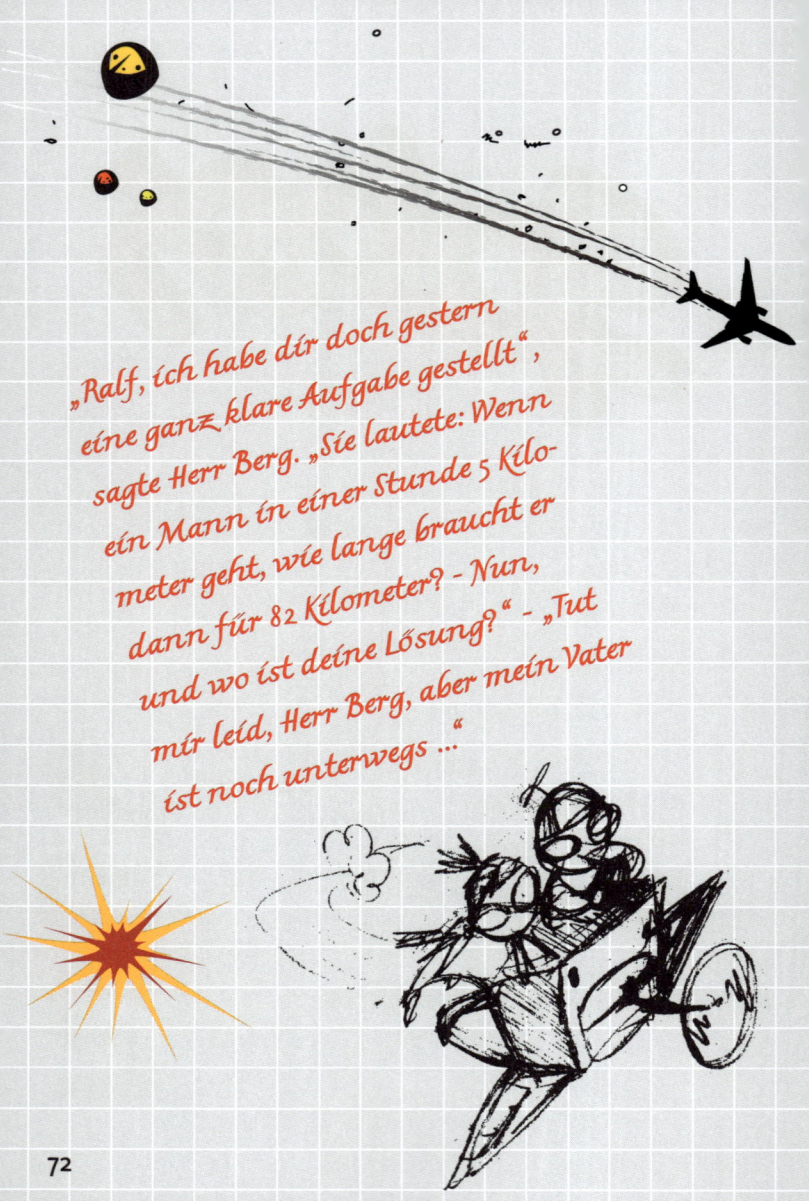

„Ralf, ich habe dir doch gestern eine ganz klare Aufgabe gestellt", sagte Herr Berg. „Sie lautete: Wenn ein Mann in einer Stunde 5 Kilometer geht, wie lange braucht er dann für 82 Kilometer? – Nun, und wo ist deine Lösung?" – „Tut mir leid, Herr Berg, aber mein Vater ist noch unterwegs ..."

Kurt ist ein richtiger Zappelphilipp. „Was willst du denn einmal werden?", fragt ihn der Lehrer. „Pilot!", erklärt Kurt. „Da bin ich ja beruhigt, da bist du dann wenigstens angeschnallt!"

BAM!

Das Telefon klingelt. Verena geht dran: „Papi, es ist Ninas Vater. Er lässt fragen, wann du mit meinen Hausaufgaben fertig bist. Er möchte sie dann abschreiben."

SOUND

„LIEBE FRAU DIETRICH, ICH HABE JA NICHTS DAGEGEN, DASS IHR SOHN DIE MATHE-AUFGABEN VON MEINEM JAN ABSCHREIBT. ABER DASS ER IHN NOCH VERPRÜGELT, WENN DAS ERGEBNIS FALSCH WAR, DAS GEHT MIR EIN-DEUTIG ZU WEIT!"

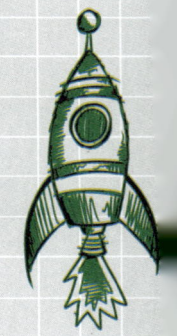

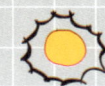

„Warum hast du denn zwei Tage gefehlt, Peter?", fragt der Mathelehrer. „Gestern hat es bei uns gebrannt!" „Und vorgestern? Wo warst du denn da?" „Da mussten wir doch alles erst ausräumen."

Ein Gymnasiallehrer, ein Realschullehrer und ein Sonder-schullehrer verlieren bei einer Alkoholkontrolle ihre Führer-scheine. Verzweifelt versuchen sie, die Polizeibeamten auf dem Revier gnädig zu stimmen. Als Erster versucht es der Gymnasiallehrer, da er der Klügste der Kollegen ist. Aber nach 10 Minuten kommt er wieder heraus und sagt: „Es hat keinen Sinn. Sie geben uns die Führerscheine nicht wieder." Als Nächster versucht es der Realschul-lehrer, aber auch er kommt nach 10 Minuten mit hängendem Kopf heraus und sagt: „Keine Chance." Schließlich geht der Sonderschullehrer hinein. Nach 5 Minuten kommt er strahlend mit den drei Führerscheinen in der Hand aus dem Polizeirevier. Seine Kollegen sind begeistert und fragen ihn, wie er das denn geschafft habe. Daraufhin der Sonderschullehrer: „Ach, das war eigentlich gar kein Problem. Die sind alle bei mir in die Klasse gegangen!"

Die Mutter wickelt ihrem Sohn fürsorglich einen Schal um den Hals, packt sein Pausenbrot in den Schulranzen und streicht ihm dann zum Abschied über den Kopf: „Sei vorsichtig auf dem Schulweg, mein Junge! Und mach vor allem keinen Unsinn!" Sagt der Junge: „Keine Sorge, Mama, erst in der Schule!"

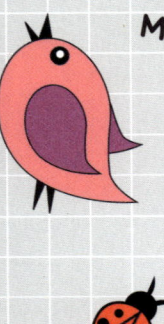

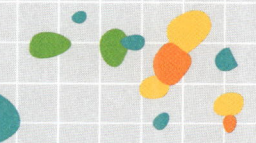

„Warum schreibst du denn so schnell, Anni?", fragt die Lehrerin. „Ich muss mich beeilen, meine Tintenpatrone ist gleich leer!"

„Was ist eine Oper?", fragt der Lehrer. „Ein Theaterstück, in dem der Hauptdarsteller erstochen wird und anstatt zu verbluten, anfängt zu singen!", antwortet Benni.

Als Andi nach Hause kommt, wird er schon von seinem Vater erwartet. Der ist ziemlich verärgert: „Deine Lehrerin hat angerufen und sich schon wieder über dich beschwert!" Da meint Andi: „Das kann nicht sein. Heute bin ich doch gar nicht da gewesen!"

Erik kommt aus der Schule: „Mama, bin ich froh, dass ich nicht dein 5. Kind bin!" „Warum denn?" „Wir haben heute gelernt, dass jedes 5. Kind ein Chinese ist!"

Die Schule feiert ein Jubiläum. Viele ehemalige Schüler besuchen das Fest, um mit den Lehrern zu feiern. Ein ehemaliger Schüler sagt zu seinem alten Lehrer: „Mir geht es sehr gut! Ich habe eine Villa und sieben Kinder."

„Oh, wie schön", meint der Lehrer, „fleißig waren Sie immer. Doch mit der Aufmerksamkeit hat es schon damals bei Ihnen gehapert ...!"

Sören hat in Religion eine Sechs bekommen. Die Mutter geht mit ihrem Sohn zum Lehrer und beschwert sich bei ihm über die Note. Der Lehrer sagt zur Mutter: „Sören wusste nicht, dass Jesus gestorben ist." Die Mutter: „Wir haben keinen Fernseher, keinen Radio und keinen PC, und eine Zeitung bekommen wir auch nicht. Also woher soll mein Sohn das auch wissen, dass der Mann so schwer krank war und gestorben ist?"

„Was halten Sie als Lehrer davon, dass immer jüngere Schülerinnen sich schminken?"

„Das ist schon in Ordnung, die heulen wenigstens nicht, wenn man ihnen schlechte Noten verteilt."

Lehrer: „Aber Johannes, was hast du denn da für ein seltsames Paar Schuhe an? Du trägst ja einen braunen und einen schwarzen Schuh!" Johannes: „Ich weiß! Das Paar habe ich sogar zweimal."

Seit 2 Stunden wartet der Lehrer mit seiner dritten Klasse auf den Zug. Schließlich reißt ihm der Geduldsfaden: „In den nächsten Zug steigen wir ein, egal ob 1. oder 2. Klasse draufsteht!"

Lehrer: „Weiß einer von euch, was eine Wüste ist?" Stefan: „Ein Gebiet, in dem nichts wächst." Lehrer: „Sehr gut. Kannst du mir auch ein Beispiel nennen?" Stefan: „Ja klar. Der Schrebergarten meines Opas."

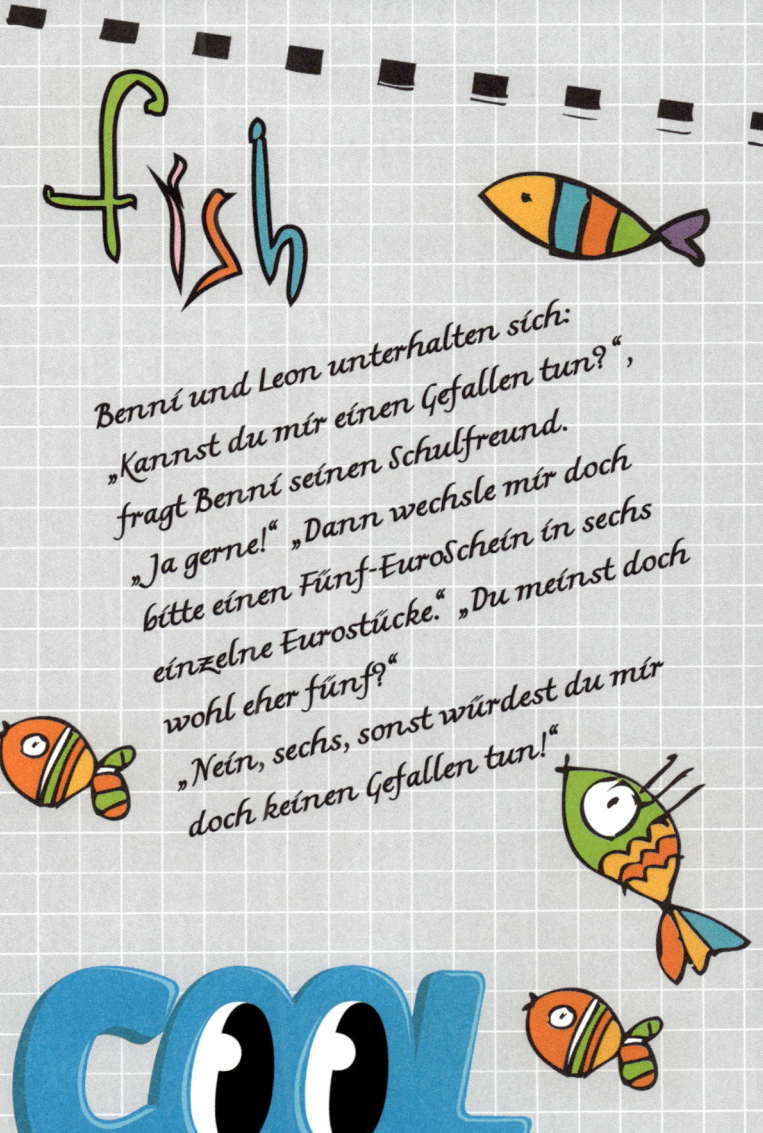

fish

Benni und Leon unterhalten sich:
„Kannst du mir einen Gefallen tun?",
fragt Benni seinen Schulfreund.
„Ja gerne!" „Dann wechsle mir doch
bitte einen Fünf-EuroSchein in sechs
einzelne Eurostücke." „Du meinst doch
wohl eher fünf?"
„Nein, sechs, sonst würdest du mir
doch keinen Gefallen tun!"

COOL

Ein Schüler flüstert während des Unterrichts mit seinem Nachbarn. Fragt der Lehrer: „Wovon redet ihr beiden?" „Ach, von einem Zwei-Euro-Stück. Wir haben es auf dem Schulhof gefunden und beschlossen, dass es derjenige bekommt, der am besten lügen kann." „Lügen ist aber eine große Sünde", meint der Lehrer. „Als ich noch so klein war wie ihr, habe ich niemals die Unwahrheit gesagt." Da meint der Schüler: „Los, gib ihm das Geld, der lügt am besten!"

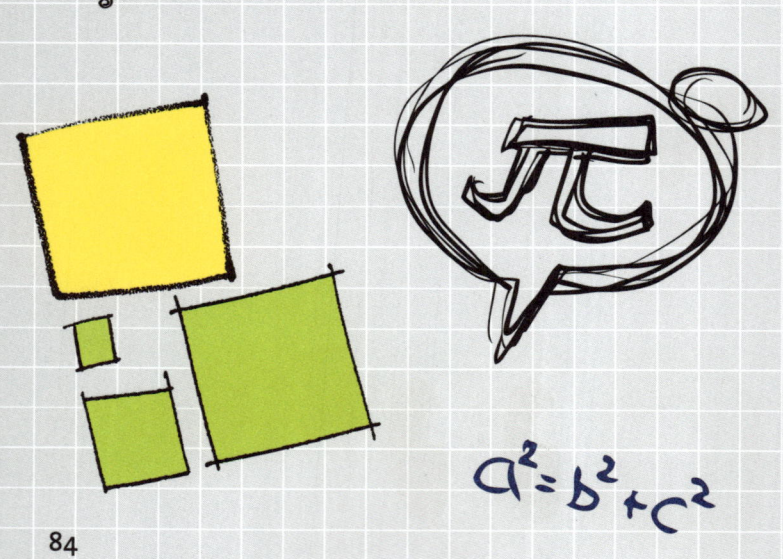

$$a^2 = b^2 + c^2$$

1 + 1 = 2

Der Lehrer schimpft mit Tanja:
„Hör mal! Ich verstehe nicht, dass du bei den Rechenaufgaben immer zu viel herausbekommst! Hilft dir dein Vater denn nicht?"
„Doch, er hilft mir."
„So, was ist er denn von Beruf?"
„Kellner."

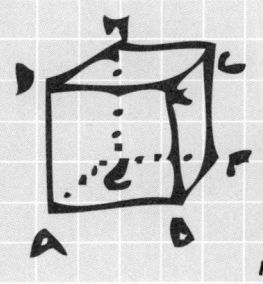

„wegen den vielen Zwischenrufen kann ich mein eigenes Wort nicht mehr verstehen!", ruft der Lehrer verärgert. Pascal: „Machen Sie sich nichts draus, Sie versäumen nichts."

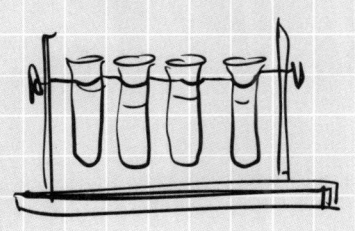

85

„So etwas Furchtbares wie deine gestrigen Hausaufgaben habe ich noch nie gesehen!", schimpft die Lehrerin schockiert. „Das ist schon gut möglich, aber Sie haben ja die von heute noch nicht gesehen!"

Holger seufzt: „Überall reden sie vom Lehrermangel, bloß bei uns fehlt nie einer!"

Jana kommt zu spät zur Schule: „Entschuldigung Herr Wenz, mein Pferd ist auf halber Strecke liegen geblieben!" Kommt Leo zu spät: „Entschuldigung Herr Wenz, mein Pferd ist auf halber Strecke liegen geblieben." Kommt Carmen zu spät, fragt Herr Wenz: „Lass mich raten, dein Pferd ist auf halber Strecke liegen geblieben?" „Nein, aber mein Vater musste einen Umweg fahren, weil zwei Pferde auf halber Strecke umgefallen waren!"

mouse

turtle

Meint Frau Schneider im Erdkundeunterricht zum kleinen Tom: „Nenn mir drei Tiere in Afrika." Tom: „Ein Löwe und zwei Giraffen."

„Wie heißt die Mehrzahl von Sandkorn?", fragt der Lehrer. „Wüste . . . !"

HELLO

Thorsten ist wütend, weil der Klassenlehrer mit seinen Eltern gesprochen hat: „Mir hat an Ihnen auch schon so manches nicht gepasst", erklärt er seinem Lehrer. „Aber deshalb bin ich noch nie auf die Idee gekommen, es Ihren Eltern auszuplaudern."

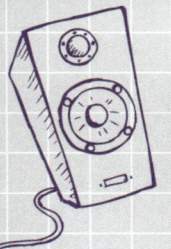

„ALSO, DAS IST DOCH ...",
STOTTERT DER MUSIKLEHRER,
ALS ER DEN GEIGENKASTEN
DES SCHÜLERS GEÖFFNET
HAT. „DU KOMMST MIT EINER
MASCHINENPISTOLE ZUM UN-
TERRICHT?" – „OH NEIN",
MURMELT DER SCHÜLER UND
WIRD GANZ BLASS. „JETZT
STEHT MEIN VATER MIT DER
GEIGE IN DER BANK!"

Der Kunstlehrer zeigt ein Gemälde und fragt die Schüler: „Was wird hier dargestellt, ein Sonnenaufgang oder ein Sonnenuntergang?"
Darauf Luis: „Ein Sonnenuntergang, kein Künstler steht so früh auf!"

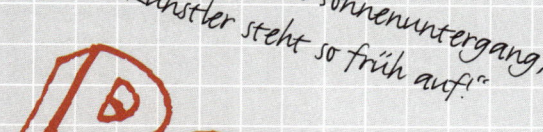

Im Biologieunterricht will der Lehrer wissen, wo der Tau herkommt.
Nach einer Weile meldet sich Phil:
„Vielleicht dreht sich die Erde so schnell, dass sie ins Schwitzen gerät!"

Die Lehrerin sagt zu ihren Schülern: „Eure Namen sind mir zu lang, deshalb kürze ich sie einfach ab. Thomas heißt Tom. Annemarie heißt Anne." Plötzlich rennt ein Mädchen weinend hinaus. Die Lehrerin fragt ihre Nachbarin, was mit ihr ist. Diese antwortet: „Ich weiß nicht, was Klothilde hat."

Sven kommt von der Schule nach Hause und seine Mutter fragt: „Na, mein Junge, warst du heute auch schön brav?"

„Klar doch, Mama. Was kann man denn schon großartig anrichten, wenn man den ganzen Tag in der Ecke stehen muss?!"

f l o w e r

Hans und Peter fahren nach
der Schule mit dem Fahrrad
nach Hause. Da ruft Hans:
„Du, dein Schutzblech klappert!"
„Was hast du gesagt?"
„Dein Schutzblech klappert!"
„Ich verstehe dich so schlecht"
schreit Peter zurück, „mein
Schutzblech klappert!"

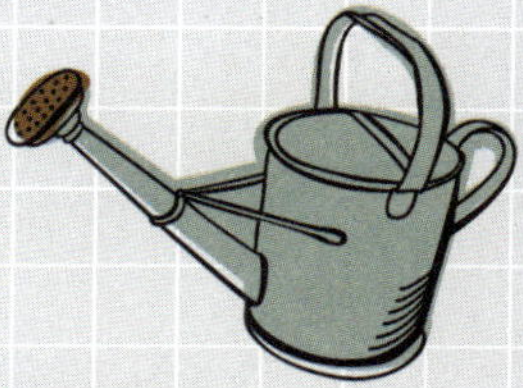

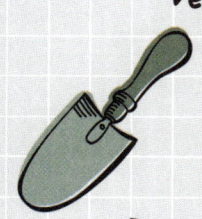

„Aber Jochen, wie kann man denn nur mit so einem vollen Mund reden!?", tadelt die Lehrerin. „Och … Training, alles Training!", sagt Jochen verschmitzt.

Der englische Austausch-schüler: „Ist prügeln und schlagen eigentlich dasselbe?" „Ja, sicher!" „Und warum lachen immer alle, wenn ich sage, es hat zwölf geprügelt?"

Geht ein Deutschlehrer in ein Restaurant. Der Kellner bringt die Speisekarte. Nach einer Weile kommt er wieder und fragt: „Haben Sie etwas gefunden?" Der Deutschlehrer antwortet: „Ja, neun Rechtschreibfehler!"

Der Lehrer ist ganz wütend: „Ich bin hier wohl der Einzige, der arbeitet?" Ein Schüler sagt leise zu seinem Nachbarn: „Er ist auch der Einzige, der das hier bezahlt bekommt."

Eine Klasse muss einen Aufsatz über ihren Hund schreiben. Kim liest vor: „Mein Hund. Mein Hund ist einfach klasse, immer wenn man einen Stock wirft, holt er ihn und er kann so tolle Kunststücke. Außerdem holt er uns morgens immer die Zeitung ins Haus, obwohl wir gar keine abonniert haben."

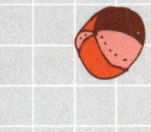

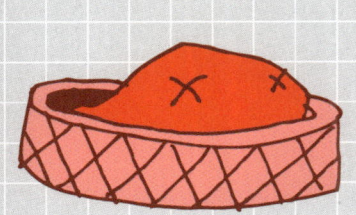

Happy Birthday

Vater: „Das schönste Geburtstags- geschenk für mich wäre, wenn du endlich ein guter Schüler werden würdest." Sohn: „Zu spät. Ich habe dir dein Geburtstagsgeschenk schon gekauft."

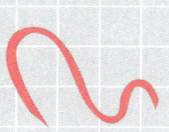

Die Klasse bekommt vom Kunstlehrer eine Aufgabe: „Malt, was euch gefällt!" Als der Lehrer zu Marc kommt, nimmt er sein Blatt und fragt ihn: „Hast du schon einmal einen Engel mit drei Flügeln gesehen?" Da fragt Marc zurück: „Haben Sie schon einmal einen Engel mit zwei Flügeln gesehen?"

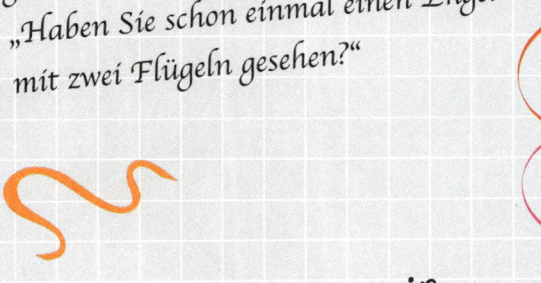

Herr Ebert: „Wer kann mir sagen, was eine Proportion ist?" „Eine Maßeinheit!", meldet sich Julia. „Das musst du mir schon genauer erklären", meint der Lehrer. „Das Eis kostet pro Portion einen Euro!"

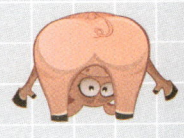

Während der Klassenarbeit geht Schulze wütend zum Tisch von Dennis: „Wenn du mogeln willst, dann musst du dir einen Lehrer suchen, der dümmer ist als ich – und den wirst du so leicht nicht finden."

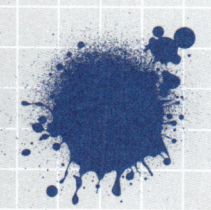

Der Mathelehrer fragt Marco: „Wenn du fünf Äpfel hast und ich bitte dich, mir einen abzugeben, wieviel hast du dann noch?" „Fünf!"

Fritzchen kommt zu spät
in die Schule. Er rast im
Schulgebäude die Treppen
hoch und da steht plötzlich
der Direktor vor ihm.
„Zehn Minuten zu spät!",
sagt der Direktor.
„Ich auch", sagt Fritzchen.

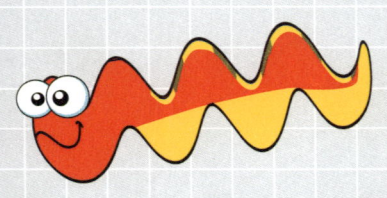

JENS KOMMT WIEDER EINMAL
ZU SPÄT ZUR SCHULE. „IN
ZUKUNFT MUSST DU ABER
FRÜHER AUFSTEHEN", ERMAHNT
IHN DER LEHRER, „DENN MERKE
DIR: DER VOGEL, DER ZUERST AUF
IST, FÄNGT DEN DICKEN WURM."
VERLEGEN DRUCKST JENS HERUM.
„WOLLTEST DU NOCH ETWAS
SAGEN?", FRAGT DER LEHRER.
„JA, HERR BRAUN, WÄRE ES
DENN DANN NICHT BESSER FÜR
DEN DICKEN WURM GEWESEN,
WENN ER SPÄTER AUFGESTANDEN
WÄRE?"

102

1 + 1 = 2

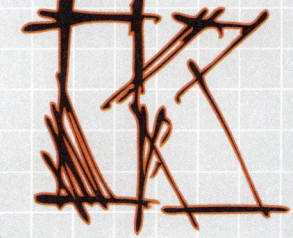

„Unser Lehrer weiß auch nicht, was er will", flüstert Dirk dem Frank ins Ohr. „Gestern hat er gesagt: Fünf und fünf ist zehn! Heute behauptet er, sechs und vier wäre zehn."

Bei einem Psychiater klingelt das Telefon und eine Kinderstimme fragt: „Herr Doktor, die Schule macht mir Spaß, können Sie mir helfen?"

Hausaufgabe: „Beschreibt die Tapeten in eurem Zimmer." „Meine Mutter hat mir das Beschreiben der Tapeten verboten", schreibt Nicole.

„Konjugiere ,Werwolf'!"
„Der Werwolf, des Weswolfs, dem Wemwolf, den Wenwolf."

Frau Schäfer ermahnt die kleine Petra: „Hör mal, Petra! Mädchen haben normalerweise eine schöne Handschrift, aber deine ist ja wirklich unleserlich. Ab heute strengst du dich besser an und schreibst deutlicher, verstanden?"

Murmelt Petra vor sich hin: „Jaja, und hab dann den ganzen Ärger mit den Rechtschreibfehlern!"

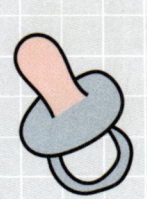

Die Lehrerin ließ sich von ihrer Klasse die zukünftigen Berufswünsche erzählen. Alle Kinder hatten schon ihre Vorstellungen. Nur Ralf wollte nichts verraten. Endlich lüftete er doch noch sein Geheimnis: „Ich werde im Winter Dachdecker, weil die Maurer im Winter nichts arbeiten können und im Sommer werde ich Lehrer, weil da die langen Sommerferien sind."

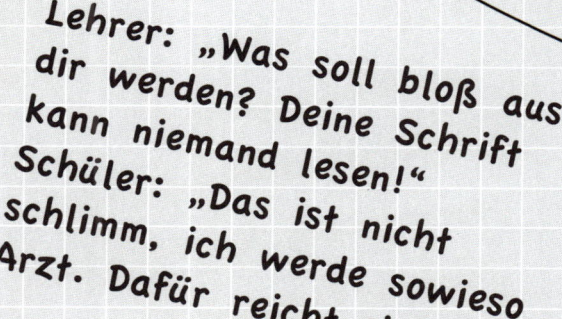

Lehrer: „Was soll bloß aus dir werden? Deine Schrift kann niemand lesen!"
Schüler: „Das ist nicht schlimm, ich werde sowieso Arzt. Dafür reicht sie!"

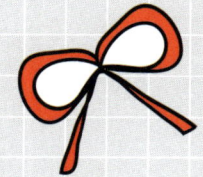

Wie nennt man einen Mann, der dauernd weiterspricht, obwohl ihm niemand zuhören will? – Einen Lehrer.

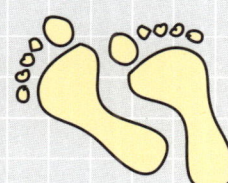

Fragt der Lehrer: „Welche Sünde hat Adam begangen?"

Christian meldet sich: „Er hat vom verbotenen Apfel gegessen!"

„Richtig, Christian! Und womit ist er dann bestraft worden?"

„Er hat Eva heiraten müssen!"

Die letzten Worte eines Sportlehrers:

„Alle Speere zu mir …"

Fabian kommt aufgeregt und zu spät in die Schule: „Entschuldigung, ich bin von Räubern überfallen worden!" „Was hat man dir geraubt?" „Zum Glück nur die Hausaufgaben!"

DER ERSTE SCHULTAG.
MITTEN IN DER ERSTEN
STUNDE PACKT PHILIPP
SEIN BRÖTCHEN AUS.
SAGT DIE LEHRERIN:
„DU, HIER GIBT ES
ABER KEIN FRÜHSTÜCK!"
GRINST PHILIPP: „DAS
DACHTE ICH MIR SCHON.
DESHALB HABE ICH MIR
JA AUCH WAS
MITGEBRACHT!"

„Sag doch bitte einmal das ABC auf, Lukas", sagt der Lehrer. Doch Lukas schweigt. „Kannst du es nicht?"
„Doch", erwidert Lukas, „mir fällt nur gerade nicht der Anfang ein!"

Der Lehrer fragt in die Runde: „Welche Muskeln treten in Funktion, wenn ich boxen würde?" „Meine Lachmuskeln!", antwortet Volker.

Der Vater sagt zu seinem cleveren Sprössling: „Markus, dein Lehrer macht sich große Sorgen wegen deiner schlechten Noten!"

„Ach, Papi, was gehen uns denn die Sorgen anderer Leute an?"

Herr Schmidt: „Kinder, kommt weg vom offenen Fenster. Wenn einer rausfällt, will es nachher wieder keiner gewesen sein."

2·2=4

Der Lehrer ärgert sich über die zunehmende Faulheit der Klasse 7a.
„Als Alexander der Große so alt war wie ihr, hatte er bereits die halbe Welt erobert!", schimpft er.
„Der hatte auch Aristoteles als Lehrer", kommt es aus der letzten Reihe.

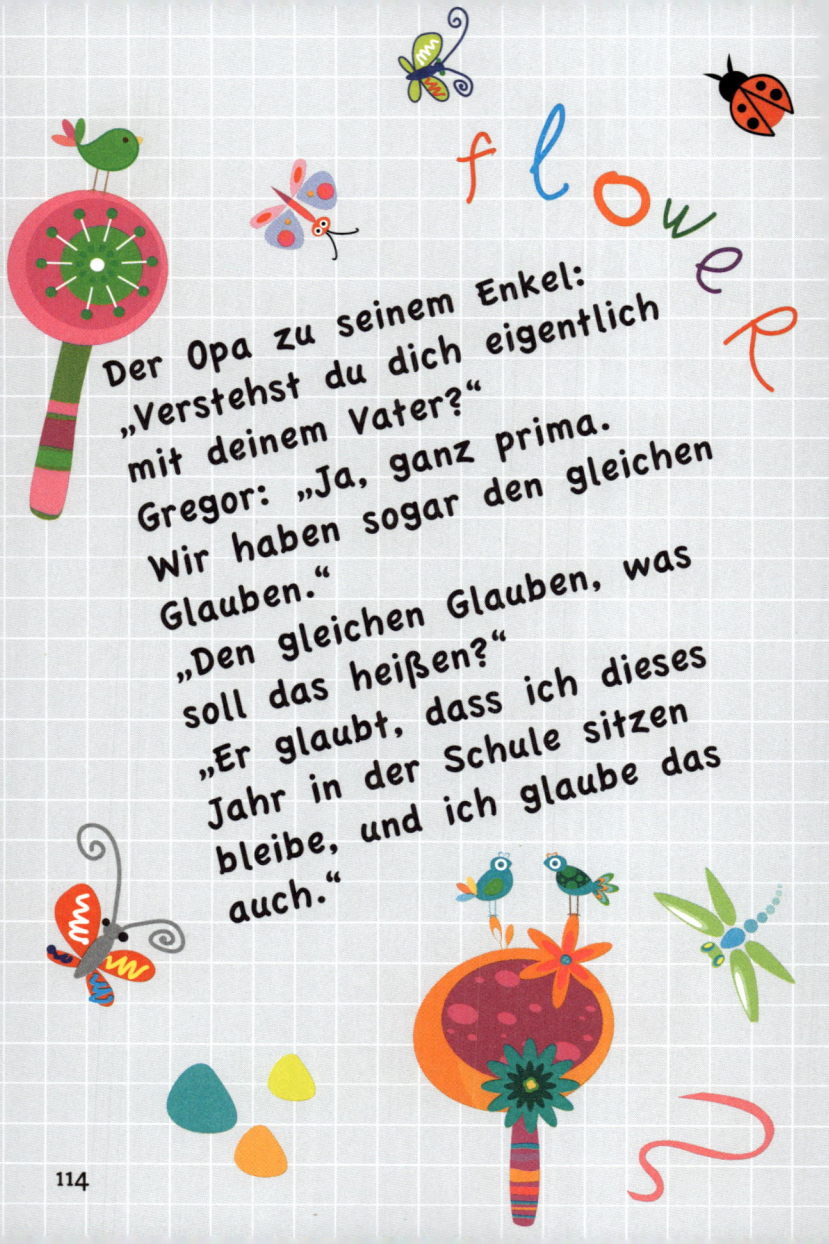

Der Opa zu seinem Enkel:
„Verstehst du dich eigentlich
mit deinem Vater?"
Gregor: „Ja, ganz prima.
Wir haben sogar den gleichen
Glauben."
„Den gleichen Glauben, was
soll das heißen?"
„Er glaubt, dass ich dieses
Jahr in der Schule sitzen
bleibe, und ich glaube das
auch."

Die Oma fragt ihren Enkel:
„Gehst du eigentlich gern
zur Schule?"
„Ja, ich gehe gerne hin und
gehe gerne wieder heim, nur
die Zeit dazwischen gefällt
mir nicht so gut."

Herr Müller fragt:
„Wer weiß, wo
Bordeaux liegt?"
Lena ruft: „In Papas
Weinkeller!"

115

Die Lehrerin fragt in die Runde:
„Was ist ein Sattelschlepper?"
Carla meldet sich: „Vermutlich
ein Cowboy, der sein Pferd
verloren hat!"

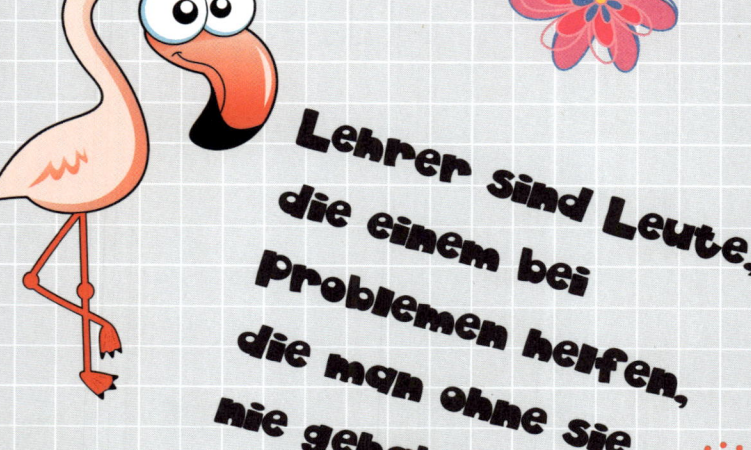

Lehrer sind Leute,
die einem bei
Problemen helfen,
die man ohne sie
nie gehabt hätte.

WORLD!

Die Kinder sollen einen Aufsatz schreiben mit dem Thema: Was ich mir wünsche. Schreibt die kleine Carolin: „Ich wünsche mir ein Haus, drei Kinder und einen ganz tollen Mann!" Nach Rückgabe der korrigierten Arbeiten liest Carolin die Bemerkungen der Lehrerin zu ihren Hausaufgaben: „Unbedingt Reihenfolge beachten!"

Zwei Mütter unterhalten sich über ihre jugendlichen Sprösslinge: „Was will ihr Sohn denn später einmal werden?"
„Rechtsanwalt. Er streitet gerne, mischt sich ständig in anderer Leute Angelegenheiten und weiß immer alles besser. Da habe ich ihm geraten, er soll sich das bezahlen lassen."

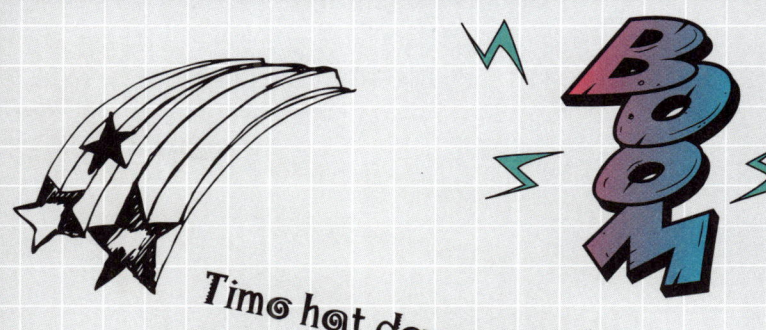

Timo hat den ganzen Tag
über schriftliche Aufgaben
gemacht. Auf einmal sagt er
zu seiner Mutter:
„So, jetzt kann ich endlich mit
den Hausaufgaben beginnen."
„Ja, was hast du denn die
ganze Zeit über gemacht?",
fragt die Mutter erstaunt.
„Nur Strafarbeiten."

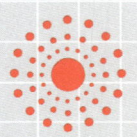

„Was machst du denn da?",
schimpft der Bahnwärter,
als Alexander die Bahn-
schranke hochklettert.
„Ich hab vom Lehrer die
Aufgabe bekommen, die
Schranke auszumessen."
„Aber dazu hätte ich dir die
Schranke auch runterholen
können!" „Das hätte nicht
viel genutzt, denn der Lehrer
will die Höhe wissen und
nicht die Länge!"

DER LEHRER FRAGT MARKUS:
„SAG MAL, WAS SOLL DAS
UNTER DEINEM AUFSATZ: ALLE
RECHTE VORBEHALTEN,
EINSCHLIESSLICH DER VERFILMUNG
UND ÜBERSETZUNG?"

Der Sohn kommt tränenüberströmt zur
Mutter: „Unser Lehrer — der
so krank war — er ist ..."
„Doch wohl nicht gestorben?"
„Nein, er ist wieder gesund geworden!"

Die Lehrerin lässt sich von Anna die Schöpfungsgeschichte erzählen: „Zuerst schuf Gott Adam. Dann sah er sich an, was er zustande gebracht hatte und meinte: ‚Wenn ich es ein zweites Mal versuche, wird es bestimmt besser'. Und dann schuf er Eva!"

FEEDBACK

Tina sagt zu ihrer Mutter: „Stimmt es, dass die Lehrer Geld verdienen?" Mama antwortet: „Ja, genau." Tina wütend: „Das ist gemein, wir machen doch die ganze Arbeit!"

NEWS

Sekretärin: „Wir haben einfach keinen Platz mehr in den Büros. Sollen wir nicht die uralten Zeugnisse und Akten vernichten? Da sind ja noch Unterlagen von 1930 dabei." Direktor: „Gute Idee, aber machen Sie vorher von allem eine Kopie."

Jonas fragt Herrn Müller: „Kann man eigentlich bestraft werden, wenn man nichts gemacht hat?" „Natürlich nicht!", entgegnet dieser. „Prima", meint Jonas, „ich hab nämlich meine Hausaufgaben nicht gemacht!"

CRAAAAAAAcck

Schule ist Zeit, Zeit ist Geld, Geld ist Luxus und . . . auf Luxus kann ich verzichten!

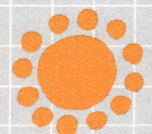

Der Lehrer verbessert: „Es heißt nicht, das Gras tut wachsen, sondern das Gras wächst. Es heißt auch nicht, das Wasser tut fließen, sondern das Wasser fließt." Nach einer Weile meldet sich Lena. Der Lehrer fragt: „Was ist denn, Lena?" „Herr Lehrer, mein Bauch weht!"

DER LEHRER WAR BEIM SCHLITT-
SCHUHLAUFEN EINGEBROCHEN
UND WURDE VON EINEM SCHÜLER
GERETTET. „ICH BIN STOLZ, EINEN
SOLCHEN SCHÜLER IN MEINER
KLASSE ZU HABEN. GLEICH MORGEN
WERDE ICH DEINEN MITSCHÜLERN
VON DEINER HELDENTAT BERICH-
TEN!", SAGT DER LEHRER. „TUN
SIE DAS BITTE NICHT", BITTET
DER SCHÜLER, „SONST BEKOMME
ICH VON DER GANZEN KLASSE
PRÜGEL!"

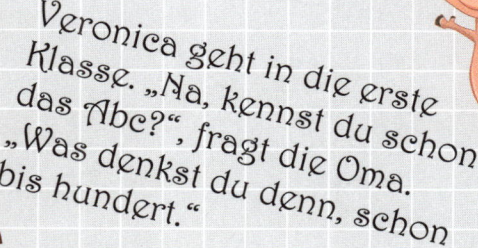

Veronica geht in die erste Klasse. „Na, kennst du schon das Abc?", fragt die Oma. „Was denkst du denn, schon bis hundert."

Der Lehrer erklärt etwas, ruft ein Schüler: „Lauter, bitte!" Darauf der Lehrer: „Entschuldigung! Ich wusste nicht, dass jemand zuhört!"

In der großen Pause steht Jule mit ihrer Freundin auf dem Schulhof und tritt von einem Fuß auf den anderen.

„Was hast du denn?"

„Ich muss dringend aufs Klo. Aber ich bin ja nicht blöd und geh jetzt in der Pause!"

ZWOSH!

„Wir lernen jetzt Algebra", sagt Nina zu ihrer Mutter. „Toll", staunt ihre Mutter, „und was heißt ‚Guten Morgen' auf Algebra?"

Der Jugend-Fußballtrainer ist wütend: „Nun, du kommst heute schon wieder viel zu spät zum Training. An deiner Stelle würde ich überhaupt nicht mehr erscheinen!" Bastian: „Ja, Sie vielleicht, aber ich habe noch so was wie Pflichtgefühl!"

Herr Werner: „Oh Nacht, lass hernieder dein Schattenkleid, entzieh unseren Blicken das Erdenleid!" Dann wendet er sich an die Klasse und fragt: „Das ist Poesie. Wie würde man das Gleiche in Prosa ausdrücken?"

Raphael: „Mach die Vorhänge zu! Ich habe genug von dem Sauwetter draußen."

„Jedesmal, wenn ich denke,
ich hätte alles begriffen,
komme ich eine Klasse
höher und das ganze Elend
geht von vorne los!"

„Wer kann mir ein Tier ohne Knochenbau
nennen?", fragt der Lehrer.
Andreas weiß es: „Ein Wurm!" „Gut", sagt
der Lehrer: „Und wer kennt noch ein Tier
ohne Knochenbau?" Diesmal meldet sich
Leon: „Noch ein Wurm."

„Nenne mir die Jahreszeiten, Christine", sagt der Lehrer. „Frühling, Herbst und Winter", antwortet die Schülerin. „Na, und wo bleibt der Sommer?" „Das hab ich mich in diesem Jahr auch gefragt, Herr Lehrer!"

Lehrer: „Ist das jetzt eine Demo oder wisst ihr echt nix?"

DER LEHRER BRINGT EINES MORGENS EINEN LEBENDEN REGENWURM MIT IN DEN BIOLOGIEUNTERRICHT.

„SO, KINDER, PASST GUT AUF!", RUFT ER UND LÄSST DEN WURM IN EIN GLAS WASSER FALLEN. DORT PLANTSCHT DER KLEINE WURM MUNTER WEITER.

„DAS WAR WASSER, ABER NUN NEHME ICH ALKOHOL!", ERKLÄRT ER UND LEGT DEN REGENWURM IN EIN GLAS SPIRITUS. DER WURM ZAPPELT NOCH EIN PAAR MAL, DANN SINKT ER LEBLOS ZU BODEN.

„NUN, LIEBE SCHÜLER: WAS LERNEN WIR DARAUS?"

DER KLEINE MARIUS MELDET SICH EIFRIG: „WER VIEL SCHNAPS TRINKT, BEKOMMT KEINE WÜRMER!"

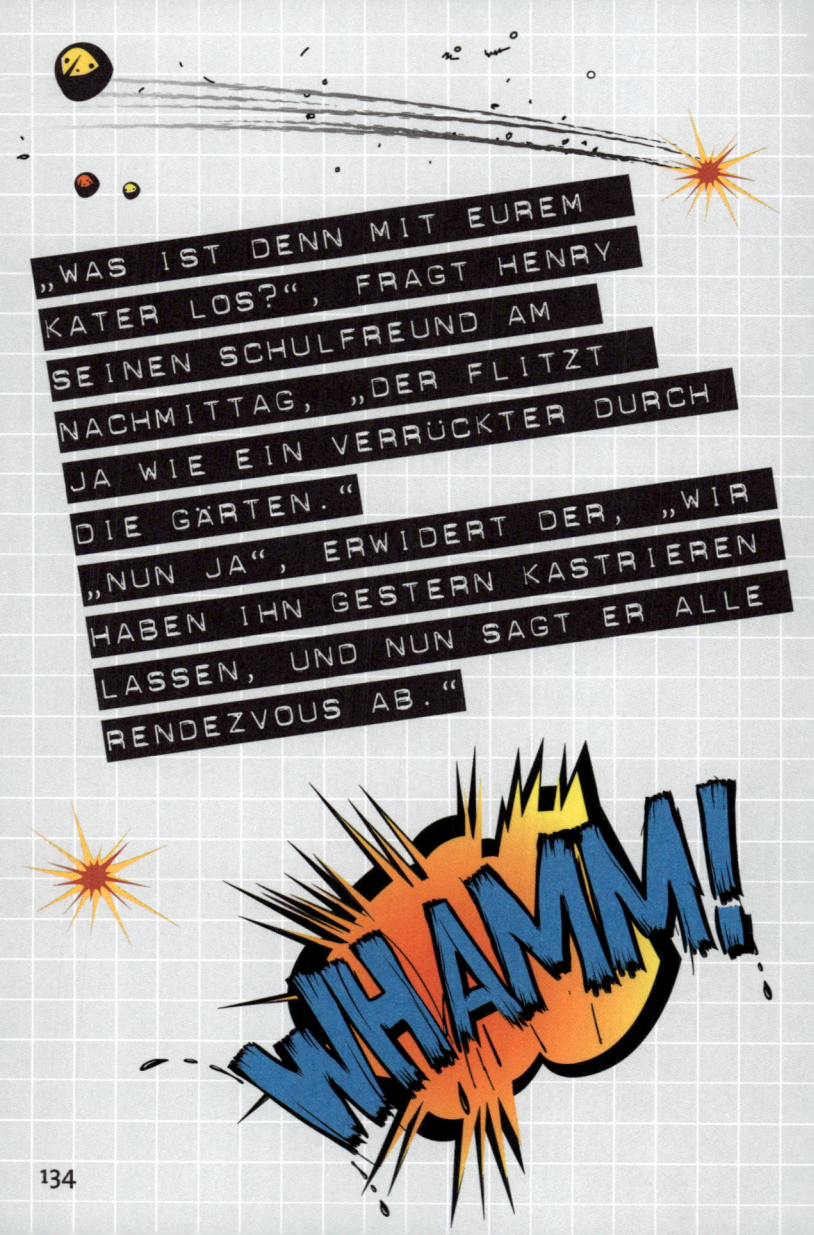

„WAS IST DENN MIT EUREM KATER LOS?", FRAGT HENRY SEINEN SCHULFREUND AM NACHMITTAG, „DER FLITZT JA WIE EIN VERRÜCKTER DURCH DIE GÄRTEN."

„NUN JA", ERWIDERT DER, „WIR HABEN IHN GESTERN KASTRIEREN LASSEN, UND NUN SAGT ER ALLE RENDEZVOUS AB."

Je mehr ich lerne, desto mehr weiß ich. Je mehr ich weiß, desto mehr vergesse ich. Und je mehr ich vergesse, desto weniger weiß ich. Also warum lerne ich?

Wie viele Lehrerwitze gibt es? – Keine, denn sie sind alle wahr.

© 2012 design cat GmbH

Genehmigte Lizenzausgabe
NEUER FAVORIT VERLAG GMBH
Industriestraße 19
64407 Fränkisch-Crumbach 2019
www.neuer-favorit-verlag.de

Idee und Projektleitung:
Sonja Sammüller
Layout, Satz und
Umschlaggestaltung:
design cat GmbH

ISBN 978-3-8494-2701-6

Bildnachweis:
Shutterstock: advent 19, 26, 38, 44, 51, 54, 55,
112, 113; Alena Hovorkova 84, 85, 92, 93; Alice 3,
9, 26, 27, 52, 132; AKV 32, 50, 51, 78, 110, 111;
Anastasiya Zalevska 45, 56, 47, 62, 63, 90, 91;
Andry Zholudyer 3, 104, 105, 113, 121, 122, 123;
angiers 39, 96; antipathique 2, 3, 10, 11, 13, 15,
19, 24, 25, 34, 42, 49, 55, 73, 100, 101, 108, 109,
118, 128, 129, 134; Antonova Olena 64, 65, 70,
76, 94, 116, 133; Ardelean Andrea 81; bibdro
36, 37; blue67design 8, 22, 40, 41, 45, 61, 80,
81; Bukhavets Mikhail 34, 35, 38, 43, 55, 59, 60,
61, 91, 92, 93, 118, 119; Brad Collett 69; Chuhail
9, 16, 27, 90, 91; cyrrpit 71; Dan Ionut Popescu
12,18, 42, 43, 114, 115, 117; Danussa 31, 76,
77, 114, 115, 132, 133; Danilo Sanino 52, 68, 69,
82, 88, 89, 102, 116, 117, 131; DVARG 130; Elise
Gravel 4, 86, 87, 97; Graffiti 27, 58; Ginko 123;
hugolacasse 35, 61; HitToon.Com 96; Involved
Channel 4, 24, 39, 72; iralu 20, 21, 30, 49, 77, 94,
95, 114, 115; Irina - QQQ 102, 103, 119; justaa
76, 77, 94, 114; Knumina 10; Kudryashka 32, 33,
78, 79; liusimus 98; LeonART 52, 53, 82, 83, 132;
mcheravan 77, 95; Mister Elements 11, 15, 16, 17,
23, 28, 36, 38, 50, 56, 57, 66, 68, 74, 75, 94, 127,
131; N/A 5, 16; mythia Cover front, 4, 17, 30, 43,
54, 66, 80, 86, 99, 113, 127, 135; Nenilkime 95;
Ozerina Anna 120, 121; notkoo 43, 59, 73; Pavel
K 53, 63, 91, 108, 131; Petr Vaclavek 10, 15, 28,
29, 44, 45, 48, 59, 60, 61, 66, 67, 84, 85, 103,
108, 113, 127; pio3 124, 125; Quality 1st 83, 125;
RLN 2, 4, 8, 18, 19, 27, 29, 32, 37, 51, 54, 56, 67,
68, 78, 84, 100, 101, 103, 106, 107, 110, 112,
128, 129; Richard Peterson 10; rvika 48, 49, 58,
59; senina 2, 6, 12, 30, 40, 70; stiven 98, 117; S
Ferdon 39, U4; style-photography.de 53, 63; Sap
99; sonia.eps; tatianat 37; Tropinina Olga 2, 7, 13,
15, 23, 54, 69, 89, 96, 101, 117; Tamas Gerencser;
Terry Chan 47; Ultra Violet 124; upstudio 18, 23,
43, 59; wallnarez 33, 57, 79; Yunna 31; Virnaflora
126; zoyalipets 65, 88, 89, 94, 114, 115, 117, 126;
zphoto 98, 99, 114, 132, 133